KB183030

가상 현실 역사 게임 만화
벌거벗은 한국사

VOL 03 주연 같은 조연들의 활약

기획 tvN STORY 〈벌거벗은 한국사〉 제작진
글 허윤 그림 이국현 감수 임기환, 송웅섭, 이상무

메타버스 역사 게임 속 퀘스트를 깨며 한국사에 푹 빠져들어 보세요!

비록 다른 시간에 존재했지만 같은 땅을 딛고 살았을 역사 속 사람들은 어떤 삶을 살았을까요?

<벌거벗은 한국사>는 다양하고 흥미로운 에피소드를 통해 한국사와 한 걸음 가까워지도록 만들어진 프로그램입니다. 시간 여행을 떠나는 특별한 기차 '히스토리 트레인 익스프레스'를 타고 과거로 돌아가, 반만년 한국사 속 결정적인 사건과 꼭 알아야 할 인물들을 만나며 특별한 한국사 여행을 즐기는 거죠.

<벌거벗은 한국사>는 생동감 넘치는 한국사 에피소드를 통해 큰 울림과 깨달음을 전하고 있습니다. 여러 역사적 인물과 주요 사건을 만나며 지혜와 교훈을 얻고, 그것들이 우리 삶에 적용된다는 것을 알게 해 줍니다. 시간 여행을 통해 우리는 반만년 우리 역사가 멀리 떨어진 이야기가 아니라는 것을 깨닫게 되지요.

『가상 현실 역사 게임 만화 벌거벗은 한국사』 3권 '주연 같은 조연들의 활약'은 프로그램에서 방영되었던, 우리 역사에 한 획을 그은 조연들의 이야기를 담았습니다. 신라의 왕자로 태어났지만 후고구려를 세운 궁예, 말단 관리인 궁지기에 불과했지만 킹메이커가 된 한명회, 조선 최고의 수재들이 모인 성균관의 유생들, 중종의 세 번째 왕비로 조선을 쥐락펴락했던 문정 왕후. 역사 속 조연들이 어떤 활약을 펼쳤는지, 어떻게 우리 역사를 뒤흔들었는지 실감 나는 스토리와 함께 만나 보세요.

우리는 테오, 고깡, 수호, 이 세 친구와 한국사를 소재로 정교하게 구축된 메타버스 '미노타 월드'로 모험을 떠날 거예요. 한국사 속 결정적인 순간과 인물들을 만나며 퀘스트를 깨다 보면 어느새 한국사에 푹 빠져들게 될 것입니다.

자! 여러분, 미노타 월드에 입장할 준비가 되었나요?

tvN STORY 〈벌거벗은 한국사〉 제작진

테오

한국사와 게임을 좋아하는 소년. 성적은 반에서 꼴등이지만 한국사 실력만큼은 반에서 일 등이라고 자신하고 있다. 한국사를 소재로 한 가상 현실 게임인 메타버스 '드림' 속 '미노타 월드'에 접속했다가 서버에 갇혀 버린다. 과연 테오는 미노타 월드에서 무사히 벗어날 수 있을까?

고깡

매력적인 외모와 밝고 긍정적인 성격의 소유자로 메타버스 '드림' 속 인기 스타. 게임 속에서 셋 중 유일하게 마법 기술을 쓸 줄 안다. 단, 어떤 종류의 마법 기술을 쓸 줄 아는지는 고깡만의 비밀로 감춰져 있다.

수호

메타버스 '드림'의 떠오르는 소년 파이터. 불타오르는 정의감은 누구도 막지 못할 정도이다. 한국사라고 하면 전쟁 영웅, 전투밖에 모르지만 테오를 만나면서 한국사에 점점 관심을 갖게 된다.

냥이

정체불명의 갈색 고양이. 미노타가 퀴즈를 낼 때마다 아이들에게 힌트를 준다.

미노타

미노타 월드의 설계자.

Q.

지금 여러분이 계신 이곳은 어디일까요?

차례

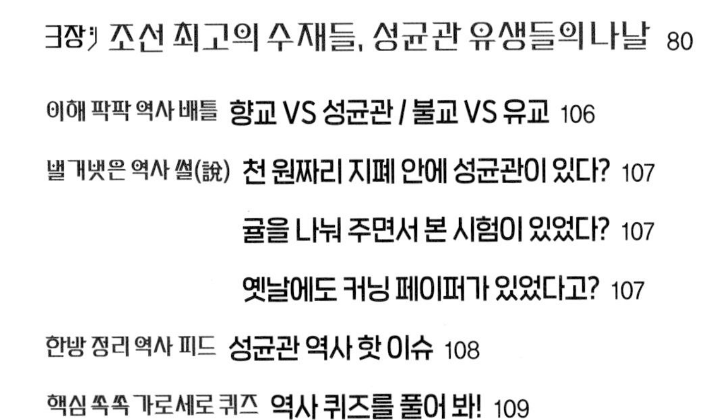

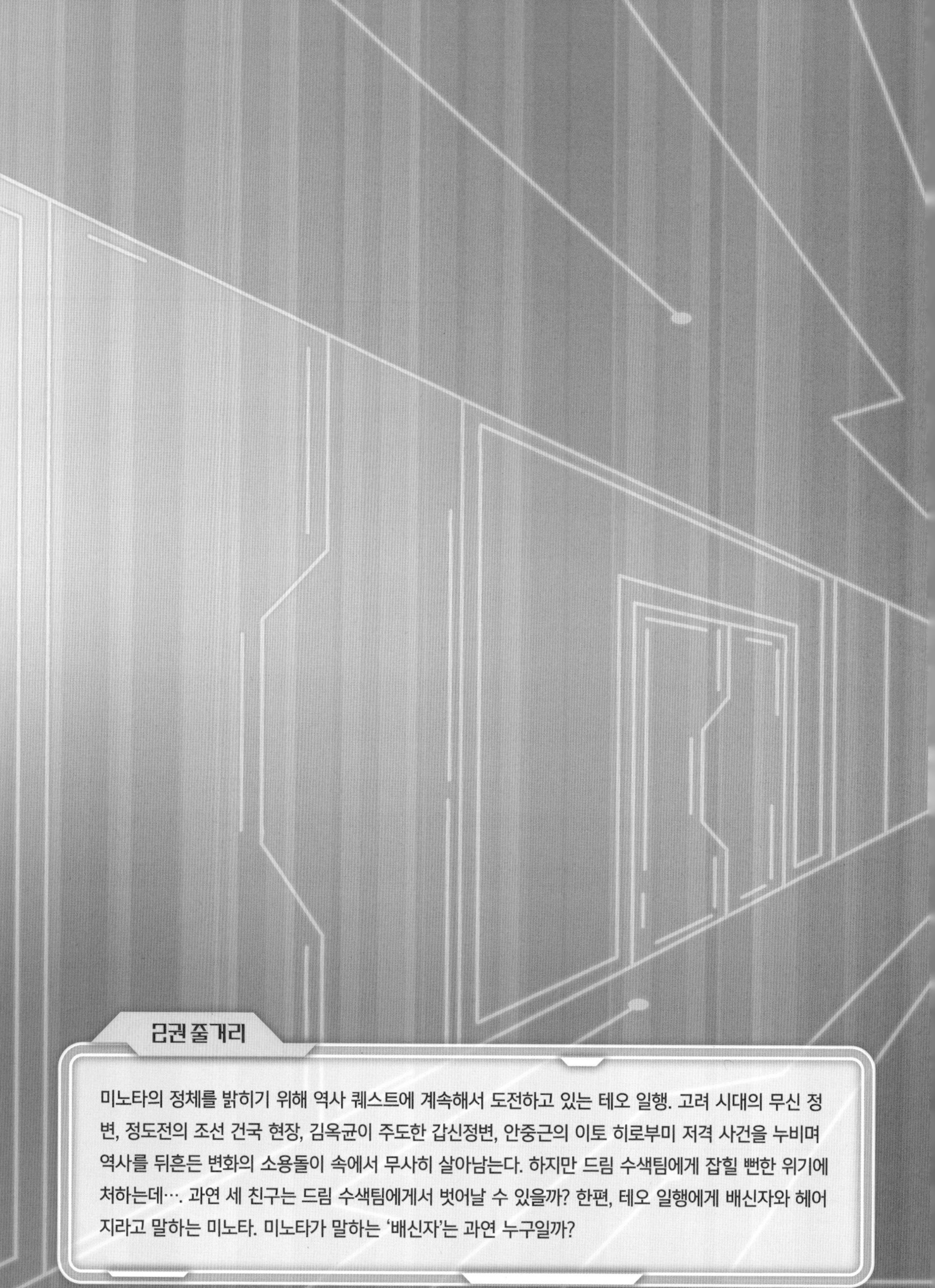

2권 줄거리

미노타의 정체를 밝히기 위해 역사 퀘스트에 계속해서 도전하고 있는 테오 일행. 고려 시대의 무신 정변, 정도전의 조선 건국 현장, 김옥균이 주도한 갑신정변, 안중근의 이토 히로부미 저격 사건을 누비며 역사를 뒤흔든 변화의 소용돌이 속에서 무사히 살아남는다. 하지만 드림 수색팀에게 잡힐 뻔한 위기에 처하는데…. 과연 세 친구는 드림 수색팀에게서 벗어날 수 있을까? 한편, 테오 일행에게 배신자와 헤어지라고 말하는 미노타. 미노타가 말하는 '배신자'는 과연 누구일까?

프롤로그 주연 같은 조연들의 활약

꼼짝 마!
너희를 해치려는 건 아니니까 안심해!
너희 주변에 미노타가 있다고, 드림 위치 추적기에 떠서 확인하려는 거다. 잠시 이곳을 수색할 테니 기다려!

두리번
두리번

이제 어떡하지?
얘들아, 침착하자.
수색팀의 목표가 우리는 아니야.

미노타가 우리 주변에 있다면,
수색팀에 잡히게 두지 않을 거야.
우리랑 계속 놀고 싶어 하잖아.

쉿!

뚜뚜뚜
미노타
위치 추적 중

휙

삐익
미노타
위치 추적
실패

슥
스윽

혹시 저 아이들 중에
미노타가 있는 건 아닐까?
정체를 숨기고
유저인 척 한단 말이군.

일단 세 명 모두
드림 본부로 데려가자.
….

드림 본부
응답하라!
마법 아이템을 쓸까?
윽, 어떡해.
잠깐 기다려 봐,
수호 말대로 미노타가….

처억

너희, 우리랑 같이
드림 본부로 가 줘야겠어.
우리가 왜요?
우리도 여기서
나가고 싶단 말이에요!

슈슉
잠깐!

아이들은 놔줘라!

너희는 누구냐?
보면 모르겠느냐?
난 정도전이다!

이자들도 같이 데려가!

팟
휙
파악
휙
얘들아,
지금이야! 뛰어!

헉 헉

허억! 더 이상 못 뛰겠어.
수색팀을 따돌린 것 같으니까
숨 좀 돌리자.
아까 우릴 도와준 사람들
정체가 뭐지?
모르겠어. 그 사람들 중에
미노타가 있는 거 아닐까?
그러게. 수색팀 말로는
우리 주변에
미노타가 있다고 했잖아.

흠, 그런데 뭔가
허전하단 말이지….
냥이!
냥이가 없어!

언제부터 없었더라?
글쎄, 모르겠어!
아까 그 장소로
다시 가 볼까?
그러자. 냥이가 없으면
어차피 우린 한 팀이 안 돼.

부우우우우우웅
흠칫!

1장 신라의 왕자 궁예, 후고구려를 건국하다

끼익
저기 봐! 냥이가 수색팀한테 잡혔어. 어떡해!
폴짝
냥!
어…?
분명 수색팀이 탄 차였는데…?
슈웅
아까 우리를 잡으려고 할 때는 언제고, 우리를 보고 그냥 가?
냥이는 수색팀한테 언제 잡혔던 거지?
왜 냥이를 그냥 풀어 준 걸까?
수색팀이 아니라 미노타가 만든 게임 속 캐릭터가 아닐까?
에이, 설마….
핥짝

흠, 냥이가 뭔가
숨기는 거 같은데….
그럼 수색팀처럼 보였던
저 캐릭터는 누가 만들었을까?
설마 미노타?
우리한테
이런 일이 있을 줄
어떻게 알고?

일단 냥이까지 다 모였으니까
빨리 가자. 이제 정말
시간이 없어!
이번에도 우리 도와줄 거지?
어서 앞장서 줘!
냥아, 다음 관문은
어떻게 해야 갈 수 있어?
냐앙!

쭈욱

톡

활짝

이번에는
어느 시대로 온 걸까?

여기는 궁궐인 것
같은데?
분명 퀴즈가 등장할
때가 됐는데….

팟

이 사람은 누구일까요?

거봐, 내 말이 맞지?

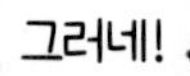
그러네!

나, 이 사람 알아!
오, 이번에는 수호가 맞히는 건가?
누군데? 어서 맞혀 봐.
흠흠, 짐이 미륵불이니라.

인물을 흉내 내면 어떡해. 이름을 말해야지!
궁예잖아, 궁예!
키득
키득

맞다, 궁예! 그런데 궁예는 왜 안대를 쓴 거야?

스스스

헉헉

얘들아, 지붕 위를 봐!
누가 갓난아기를
던지려고 해!
휙
안 돼!

왕자님!

으앙

아기가 떨어지다가
눈을 다쳤나 봐.

흑! 왕자님, 괜찮으십니까.
어서 저랑 여기를 피하시죠.

저 아기가
궁예야?
응. 궁예는 신라의
왕자로 태어났어.
그런데 왜
죽이려고 한 거야?

궁예가 태어날 때
하얀빛이 무지개처럼 하늘로 쫙 올라갔대.
천문관이 이걸 보고 궁예가 불길한 운을 타고나서
나라에 해가 될 것 같다고 해석한 거야.

그래서 왕이 죽이라고
한 거구나.
그렇다고 아들을 죽이다니,
너무 잔인하잖아!

10년 후

너는 내 아들이 아니라 왕이 버린 아들이다. 조심스럽게 행동하지 않는다면 남들에게 알려져 죽임을 당할 것이다.
앗…!

저와 함께 계시면 어머니마저 위험해질 것이니 이곳을 떠나겠습니다.
털썩

궁예는 세달사라는 절로 가서 스님이 됐어.

슈우

팟

이 나라를 위해
뭔가를 할 테다!
왕이 되어 세상을
바로잡겠어.

세상을 바로잡는다고?
어떤 시기였길래?
신라의 왕자로 태어났다고 했으니까
당연히 신라 시대지.

나도 그 정도는
알거든?
통일 신라 말이었는데
대혼란의 시대였어.

왕실은 사치와 향락에 빠져
백성을 돌보지 않았어.
귀족은 백성들을
수탈했겠지?

국고는 텅텅 비고,
백성들은 죽어 가고.

지금까지 보니까
망해 가는 나라는
다 비슷하더라고.
어? 어떻게 알았어?

우리는 입에
풀칠하기도 힘든데.
집을 금으로
입히다니!
우리 토지를 빼앗아서
고작 한다는 짓이…!
더 이상
두고만 볼 수 없소!

결국 백성들은 봉기를 일으켰어.
하지만 무능력한 왕실은
진압할 수조차 없었지.
사치의 끝판왕이다.
백성들의 분노가
극에 달한 것 같아.

…….

난 아직 힘이 없어.
강한 사람 밑으로 가서
힘을 키워야겠어!

Q.
신라 왕실과 귀족들이 백성을 외면할 때,
지방에서 점차 경제력과 군사력을 키워 나가며,
강력한 권력을 행사했던
지방 세력을 무엇이라고 할까요?
지방에서 힘을 키웠다고?
흠, 강력한 권력을 행사했다고 하는 걸 보니 궁예가 찾아간 세력인가 봐.
맞아.
으윽, 도저히 모르겠어. 힌트 좀 줘, 테오야!

豪
호걸 호
族
무리 족
호걸 '호'와 족속, 무리를 뜻하는 '족'이
합쳐진 말이야.

호족!

정답입니다.
딩동댕!
호족 중에서도 특히 힘이 셌던 호족을
'대호족'이라고 불렀어.
궁예는 힘을 키우기 위해서
대호족을 찾아간 거야.
왕륭
김순식
양길
유긍달
아자개
견훤
능문
왕봉규
소율희
유문
장보고
신라 말기 주요 호족 분포도

저를 거두어 주셔서
고맙습니다!
허허, 고맙긴.
군사를 내주겠네.
양길 신라 말 호족
동쪽 땅을 공략하게!

세력을 키우려던 참이었는데
궁예의 기세가 아주 마음에 드는군.

양길이 꼭 왕 같아!
호족은 돈도 있고, 군사도 있고,
백성들도 자신의 편이었어.
그래서 스스로를 왕으로 부르기도 했지.

수호야, 왜 그래?
혼자서 끙끙대지 말고 말해 봐.
그게,
아까 말이야….

퀴즈를 맞혔는데
왜 보상이 없지?
보상이 무슨 소용이야.
미노타가 우리를 놓아줄
생각이 없는데.

보상이라도 있어야 끝까지
퀘스트를 깰 의욕이 생기지.
골드 카드 열 장을 모아서
골드 파워가 생겼잖아.

그럼 뭐 해! 사용할 때마다
점수가 차감되는걸.
그래도 필요할 때
사용해야지.
보상도 있을 거야.
기다려 봐.

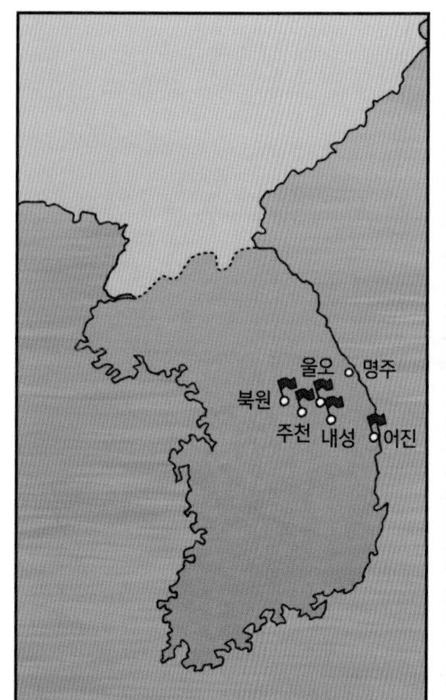
울오
명주
북원
주천
내성
어진

짠
대박! 궁예가 차지한 지역인가 봐. 엄청 넓어!

궁예는 강원도와 경기도, 황해도까지 점령했어.
양길이 가진 땅보다 훨씬 넓어졌잖아?
이제 궁예도 대호족이 됐구나!

힘도 키웠으니 새로운 세상을 만드는 일에 본격적으로 나서야겠어!
패서* 지역은 옛 고구려의 땅으로 풍족한 곡창 지대였어. 호족들은 패서로 진출하는 궁예의 영향력을 실감하고 스스로 땅을 바쳐 신하가 되겠다고 복종해.

패서: 옛날 황해도와 평안남도 일대를 아우르는 말.

궁예가 패서 지역의
송악으로 진출했을 때
왕건의 아버지 왕륭을 만나게 돼.
오, 그럼 왕건이
궁예에 맞서 싸우겠군.

왕륭 송악의 호족,
왕건의 아버지
왕륭은 대대로 무역으로
큰돈을 번 해상 호족이야.

제 아들 왕건에게
장군의 성을 짓도록 맡겨 주십시오.
그리고 송악의 성주로 앉혀 주시지요.
왕건
허허
좋소이다!

에이, 뭐야!
납작 엎드렸잖아?
왕건의 집안도 다른 호족들과 마찬가지로
스스로 땅을 바치고 궁예의 신하가 됐어.
그 당시 궁예의
기세가 엄청났나 봐!

이곳을 차지해야겠네.
여기는 한강 유역이 아닙니까?
맞네. 한강 유역의 비옥한 토지는 경제력을 키울 수 있고, 물줄기는 어디로든 진출하기 쉬우니 나라를 건국하려면 꼭 필요한 곳일세.
남한강 유역은 양길이 차지하고 있으니, 그렇다면 양길과 싸워 이겨야겠군요!

900년
양길은 궁예의 땅이 넓고 백성이 많다는 소식을 듣고 궁예를 공격하려고 했어. 하지만 궁예는 양길의 작전을 눈치채고, 먼저 공격해 양길을 물리쳤지.
양길은 아무 가진 것 없는 궁예를 받아 준 사람이잖아.
완전 배신자네!

901년
송악을 도읍으로 삼고,
고려를 세운다!
응? 고려는 왕건이
세운 나라 아니야?

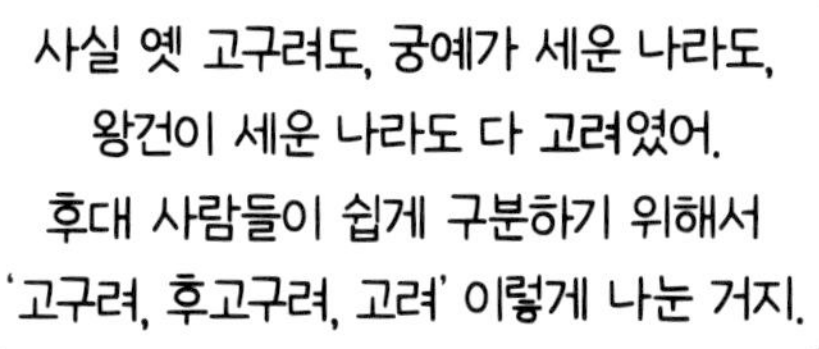
사실 옛 고구려도, 궁예가 세운 나라도,
왕건이 세운 나라도 다 고려였어.
후대 사람들이 쉽게 구분하기 위해서
'고구려, 후고구려, 고려' 이렇게 나눈 거지.

궁예는 자신이
고구려를 잇는다는 걸 드러내고
싶어서 고려라고 한 거야.
고려
고구려
장수왕
후고구려
궁예
고려
왕건
궁예의
다음 목표는 뭘까?

궁예는 나라를 세우고
고구려를 멸망시킨 신라에 복수하겠다고 선포해.
한편 왕건은 바다로 진격해 후백제의 나주를
점령하면서 더욱 궁예의 신임을 받게 되지.
와아
와
와아
궁예도, 왕건도
기세가 엄청난걸!

수도를 철원으로
옮기겠노라!

고구려를 계승한 송악을
버리시겠다는 거야?
새로운 궁궐을 지으려면
돈이 어마어마하게 들 텐데….

농사짓기도 바쁜데
궁궐 공사까지 해야 한다고?
세금도 더 내야
하는 거 아니야?

테오야, 궁예는 왜
송악에서 철원으로
수도를 옮긴 거야?
맞아. 백성들의 반발이
저렇게 심한데.

송악은 패서 지역 호족의 근거지야.
궁예는 송악에서는 자기 뜻을 펼치고
권력을 유지하는 데 어려움이
클 거라 생각했어.

904년 7월
수도를 철원으로 옮겨
패서 호족들의 힘을 분산시켰으니,
이제부터 내가 권력을 장악한다.
그리고
국호도 새롭게 바꾸겠어.
고려(高麗) 901년
마진(摩震) 904년
태봉(泰封) 911년
나는 미륵 관심법으로
그대들의 마음을 다 들여다볼 수 있도다.
날 속이면 가만두지 않을 것이다!
다른 사람으로
바뀐 것 같아.
여기서 끝이 아니야.
궁예는 자신을 미륵불*이라고 부르며
스스로를 신이라했지.

*미륵불: 중생을 구제하기 위해 미래에 나타날 부처.

퍽!
명망 높은 승려가 나서서 궁예의 잘못을 지적하자 철퇴를 내리쳐 죽였어.
으악, 못 보겠어. 너무 끔찍해!

스, 스님!
폐하께서는 미륵불이 아니시옵니다….
으윽

뭐야? 설마 백성들도 죽이는 거야?
덜덜
덜
맞아. 관심법으로 잘못을 알 수 있다면서 부녀자들도 마구 죽였지.

무서워서 못 살겠어…!
신하들은 왕을 안 말리고
뭐 하는 거야!
자기들도 왕이 무서워
몸을 사리고 있겠지.
왕건도
같은 사람인 건가?

맞다! 왕건은?
왕건은 가만히 있었어?
아니, 아지태 사건을 계기로 왕건
주변에 사람들이 모이기 시작했어.
아지태 사건?

아지태 사건은 아지태라는 간신이
궁예에게 아첨하려고 죄 없는 고향 사람을
팔아넘겼는데, 왕건이 속내를 알고 모함당한
사람의 누명을 풀어 준 사건이야.
폭군인 궁예와는
비교가 안 되지.
왕건은 역시 믿을
만한 사람이야.
그나마 따를 수 있는
인물이 있어서 다행이네.

왕건의 인기를 그냥 두고 볼
궁예가 아닐 텐데.
맞아. 궁예는 반역을 꾀했다고
왕건에게 관심법을
사용하려고 했어.
아끼는 신하인데
설마 죽이지는 않겠지?

나를 속이지 마라.
내가 그대의 마음을 볼 것이다!
슥

툭
최응 궁예의 책사

데구루루

어서 반란을 인정하고
잘못했다고 하시지요.
소곤

폐하, 제가 반역을 꾀하였으니
죽어 마땅하옵니다. 죽여 주시옵소서.
그대는 참으로 정직하군.
앞으로 다시는 나를 속이지 마라.

엥? 진짜로 사람의 마음을
볼 줄 아는 거야?

아니. 궁예는 왕건에게 배신하지
말라는 경고도 하고, 충성심도
확인하고 싶었던 거야.
폐하…!
궁예의 관심법은 결국 폭정을 멈추라고
하는 부인과 자식까지 죽이게 만들어.

폭군을 물리쳐 주십시오!
지금의 왕은 처자와
신하들을 죽이며 백성을
돌보지 않습니다.
…….

918년 6월 15일
결국 왕건이 궁예를 폐위시키고 고려를 세우게 되는구나.
관심법인지 뭔지 모두의 마음을 읽는 척하더니.
백성의 마음도, 호족의 마음도, 가장 가까운 신하였던 왕건의 마음도 몰랐던 거야.
폴짝
냥아! 어디에 있다가 나타난 거야?
관심법으로 냥이의 마음을 알고 싶다.
난 미노타.
미노타 마음은 알잖아. 외로워서 우리와 놀고 싶어 한다는 거.
과연 그게 전부일까?

슬쩍
다음 관문으로
가시겠습니까?
갑자기 친절해졌어.
당연히 갈 줄 알면서.
가자, 얘들아!

타닥타닥

이해 팍팍 역사 배틀

중앙 귀족

나라의 수도(중앙)에 머물면서 높은 관직을 지내며 정치, 경제, 사회적 특권을 누리는 지배층.

중앙 귀족

VS

호족

호족

신라 말에 등장한 새로운 세력으로, 지방을 기반으로 성장함. 지방을 직접 다스리며 세금을 거두기도 함.

신라 시대에는 골품제에 따라 신분을 나누었어. 골품제로 중앙 귀족이 되지 못하고 밀려난 세력들은 지방에서 세력을 잡고 힘을 키워 나갔어. 이들이 바로 신라 말에 새롭게 등장한 호족 세력이야. 호족은 넓은 토지를 가지고 있어 경제적으로 부유했을 뿐 아니라 사병을 중심으로 튼튼한 군사력도 가지고 있었어. 우리가 알고 있는 해상왕 장보고도, 신라 말의 혼란한 시기에 등장해 후백제를 세운 견훤도, 후고구려를 세운 궁예와 왕건도 호족 출신이지.

궁예

출생 및 사망: 미상~918년
특징: 901년 후고구려를 건국하며 큰 세력을 떨쳤으나, 미륵 신앙에 빠져 난폭한 행동을 일삼자 폐위됨.

궁예 VS 왕건

왕건

출생 및 사망: 877~943년
특징: 송악의 해상 호족 왕륭의 아들. 918년에 궁예를 몰아낸 뒤 고려를 세우고 후삼국을 통일함.

궁예는 강원도 지방의 호족이었던 양길의 부하가 되어 여러 지역을 점령하며 세력을 키웠고, 결국에는 양길과 주변의 호족까지 평정하며 후고구려를 건국했지. 왕건은 송악의 호족이었던 왕륭의 아들이야. 궁예의 부하가 되어 전쟁터에서 승리를 거듭하며 궁예의 신임을 얻었고, 최고의 벼슬인 시중까지 올랐어. 하지만 궁예의 폭정이 거듭되자 궁예를 몰아내고 고려의 왕이 되었어.

궁예는 신라의 왕자였다?

궁예는 신라의 헌안왕이나 경문왕의 아들이었을 거라고 전해오고 있어. 그런데 왜 궁궐에서 왕자로 자라지 않았을까? 사실 궁예는 후궁에게서 태어난 서자였어. 궁예가 태어날 때 불길한 기운을 가지고 태어나 나라에 해가 될 수 있으니 죽이라는 명령이 떨어진 거지. 궁예는 태어나자마자 높은 곳에서 던져졌어. 다행히 유모가 어린 궁예를 받아 목숨을 건졌지만, 이때 한쪽 눈이 찔려 멀게 되었다고 해. 이후 궁예는 궁궐 밖에서 자랐고, 시간이 흘러 후고구려의 왕이 되었어.

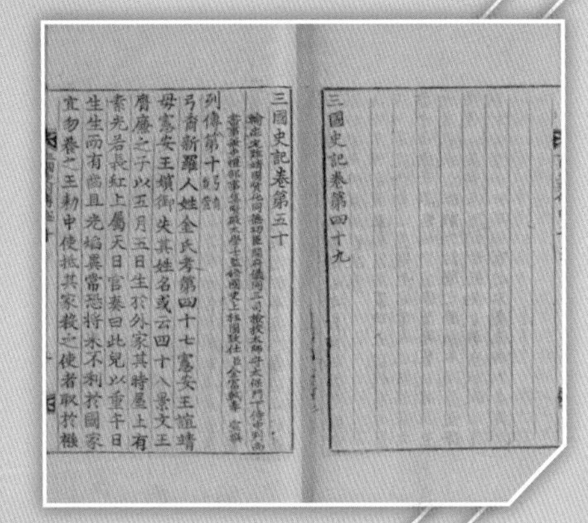

三國史記卷第四十九

三國史記卷第五十

列傳第十

弓裔新羅人姓金氏考第四十七憲安王誼靖
母憲安王嬪御失其姓名或云四十八景文王
膺廉之子以五月五日生於外家其時屋上有
素光若長虹上屬天日官奏曰此兒以重午日
生生而有齒且光焰異常恐將來不利於國家
宜勿養之王勅中使抵其家殺之使者取於襁

▲『삼국사기』에 기록된 궁예

궁예는 자신을 미래에 나타날 부처라고 했다?

궁예는 강원도 철원 부근에서 한반도의 중심을 차지하며 점점 세력을 확대했어. 고려(901년)에서 마진(904년) 그리고 태봉(911년)으로 나라 이름을 바꾸며 강력한 왕이 되었지. 왕이 된 궁예는 자신을 중생을 구제하기 위해 미래에 나타날 부처, 즉 '미륵불(미륵 부처)'이라고 했어. 왕을 뛰어넘어 신이 되고자 한 거야. 실제로 궁예가 행차할 때는 하얀 말을 탄 채 아이들과 비구니들에게 깃발과 꽃을 들고 뒤따르게 했어. 또 궁예는 사람의 마음을 꿰뚫어 볼 수 있는 관심법을 익혔다면서 자신을 반대하는 사람들을 반역자로 몰아 잔인하게 죽였대. 심지어는 아내와 자식들마저 죽였지.

▲궁예가 세력을 키운 철원 지역

한방 정리 역사 피드

문무왕 / 676년
고구려, 백제, 신라의 삼국 시대가 끝나고 통일 신라가 되었어.

대조영 / 698년
고구려 유민과 말갈인을 모아 통일 신라 북쪽과 연해주에 발해를 건국했어.

궁예 / 미상
신라의 왕과 후궁 사이에서 태어났어.

궁예 / 894년
호족 양길의 휘하로 들어가 장군이 되었어.

견훤 / 900년
후백제를 건국했어.

궁예 / 901년
송악(개성)에서 나라를 세우고 나라 이름을 '고려'라고 했어.

궁예 / 904년
나라 이름을 마진으로 바꿨어.

905년 송악에서 철원으로 수도를 옮겼어.

궁예 / 911년
마진에서 태봉으로 나라 이름을 바꾸고, 스스로를 미륵불이라고 불렀어.

왕건 / 918년
난폭해진 궁예를 내쫓고 고려를 건국했어. 궁예는 왕건의 반란을 피해 도망갔는데 민가에 내려와 보리 이삭을 잘라 먹다가 백성에게 들켜 죽임을 당했대.

926년 발해가 거란족에 의해 멸망했어.

935년 통일 신라가 멸망했어.

왕건 / 936년
후백제까지 무너뜨리고 후삼국을 통일했어.

100

1

신라 말에 지방을 기반으로 성장했으며, 넓은 토지와 군사력으로 권력을 잡았던 새로운 정치 세력은?

ㅎ ㅈ

4

궁예가 패서 호족들의 힘을 약화시키고자 송악에서 수도를 옮기려고 했던 곳은?

ㅊ ㅇ

2

신라의 왕자로 태어나 호족이었던 양길 밑에서 세력을 키워 후고구려를 세운 인물은?

ㄱ ㅇ

5

궁예가 신임하는 장군이었으나, 궁예가 난폭한 행동을 일삼자 궁예를 몰아내고 고려의 왕이 된 인물은?

ㅇ ㄱ

3

중생을 구제하기 위해 미래에 나타날 부처. 궁예가 나라 이름을 마진에서 태봉으로 바꾼 후, 자신을 신격화하기 위해 부르던 호칭은?

ㅁ ㄹ ㅂ

6

왕건이 통일 신라, 후백제, 후고구려의 후삼국을 통일하고 세운 나라의 이름은?

ㄱ ㄹ

정답

① 호족 ② 궁예 ③ 미륵불 ④ 철원 ⑤ 왕건 ⑥ 고려

2장 경복궁 궁지기 한명회, 조선의 킹메이커가 되다

무슨 행사지?
사람들이 엄청 모이고 있어!
우리도 가 보자!

샤샥
우리 옷이 조선 시대
복장으로 바뀌었네!

어서 오게나!
오랜만일세.
우리 한양 출신 관리들이
이렇게나 많다니!
외롭지 않고
참 든든하네.
네?

우리끼리 계 모임을
만들면 어떻겠나?
허허, 좋소!

좋소,
나도 참가하겠소!

*계: 주로 경제적인 도움을 주고받거나 친목을 도모하기 위해 만든 모임.

종9품 말단이지만
관리라면 관리지!
그것도 음서*를 통해서
얻었다면서? 푸하하!
크흠! 궁지기도 관리라고
할 수 있나?
단 한 번도 과거 시험에
통과하지 못했다는군.
짜늘
궁지기 주제에.
쯔쯧.
그러게. 너무 앞에서 대놓고
비웃잖아.
다들 너무하네.

*음서: 공신이나 고위 관직을 지낸 사람들의 자식이 과거 시험을 거치지 않아도 관직에 진출할 수 있게 하는 제도.

하하하
후후후

오늘의 수모를 갚을 날이 반드시 올 거다!
불끈

으, 살벌해.
그나저나 저 사람은 누구야?
한명회. 한마디로 킹메이커야!
킹메이커! 그거 참 마음에 드는군.
허허
앗, 우리 대화를 들은 거야? 이번에도 소통이 되잖아?
에이, 설마! 말단 궁지기가 킹메이커라고?

못 믿나 보군. 날 따라오게나.
깜짝

….

이번에도 좀 수상한걸.
일단 따라가자! 그럼 이번 관문은 그냥 통과하는 거잖아.

폴짝

냥이는 벌써 따라가고 있어!
우리도 빨리 가자!

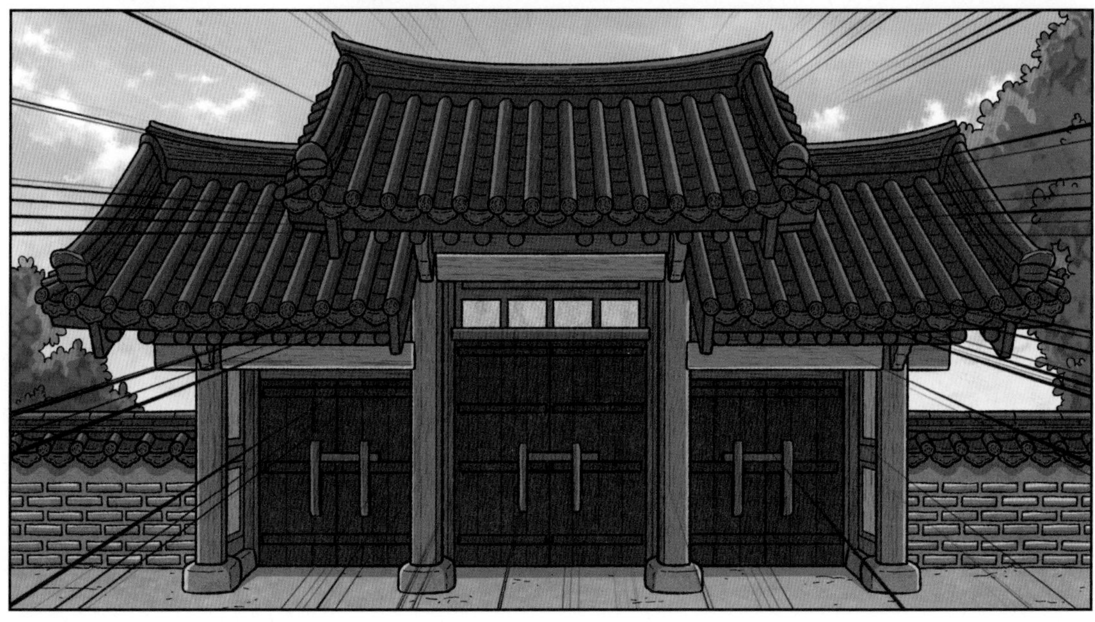

왔는가.
네, 대군.
슬쩍
수양 대군이시다.
제4대 왕 세종
소현 왕후
제5대 왕 문종
현덕 왕후
수양 대군
(훗날의 세조)
제6대 왕 단종
정순 왕후
세종의 둘째 아들이자,
당시 왕이었던 단종의 삼촌이야.
수양 대군이래.
어? 그럼 어린 조카 단종을
유배시켰다가 끝내 죽게 만든
사람이잖아. 세조였던가…?

누가 떠드는가!
쉿

헙…!

수양 대군처럼 신분이 높은
왕실 사람이 왜 궁지기를 만나?
수양 대군이
위기에 처했거든.

그때 한명회의 친구인 권람이
수양 대군에게 한명회의 지략이
뛰어나다며 적극 추천했어.
비록 과거 시험에는 낙방했지만 화려한 말솜씨는 물론,
사람의 마음을 읽고 헤아리는 것에 뛰어나지.
게다가 일을 계획하고 실행하는 능력도 있다고.

소곤 소곤
수닥 수닥
뭘 저렇게 심각하게
얘기하는 거지?
큰일이 터졌나 봐.

김종서와 안평 대군이 손을 잡고
역모를 꾀하려 하니 나는 어찌하면 좋겠나.
왕실의 후손으로서 나라를 위해 나서는 것이니,
거사를 일으킨다면 성공하지 못할 리 없습니다.

그대는 많은 말을 하지 말라.
내가 마음을 정하였다!

김종서
단종
안평 대군
김종서는 열두 살에 왕위에 오른 단종을
보필하며 위세를 떨치는 인물이고,
안평 대군은 수양 대군의 동생이야.

1453년 10월 10일

수양 대군은 역모를 눈치챘으면
왕에게 알려야지,
왜 한명회와 의논해?

찌릿
수양 대군이 권력을 장악하려고
내세운 명분이었을 뿐,
사실이 아니니까.

김종서와 안평 대군이
역모를 꾀한 게 아니야?
그렇다면 한명회와 수양 대군이
역모를 꾸민 거네.

끄덕
헉…!

그래서 아주 은밀히
준비해야 하지.
무슨 준비를
어떻게 하려는 거야?

그날 밤, 한양 도성

거사 때 수양 대군의 명령 없이
함부로 문을 열어선 안 되네.
그러지요.
홍달손 한양 도성의 야간 순찰을 담당하는 관리.

한양에 출입하는 사람들을 통제하려는 모양이야.
뜨악
응, 수양 대군에게는 활쏘기 연습을 핑계로 훈련관에 나가 병사들과 친해지라고 했어.

거사를 도모하려면 군사가 필요하니까!
지략이 뛰어난 거 인정!

전하, 수양 대군
납시었사옵니다.
삼촌이 왕의 자리를 노리니
조심하라고 했는데….
이 늦은 시각에
갑자기 무슨 일이십니까?

전하, 제가 지금 김종서를
처단하고 오는 길이옵니다.

!!

김종서와 안평 대군이
전하를 죽이려고
역모를 계획했사옵니다!

어떻게 저렇게 뻔뻔하게
거짓말을 할 수가 있지?
왕을 죽이려고 한 김종서를 없앴으니까
자기 행동은 정당하다는 거잖아.

나를 보필하던
김종서를 죽였다는 건
어쩌면 나도….
덜덜

삼촌,
제발 살려 주세요!
털썩
어린 왕이 얼마나
무서웠으면.
힘없는 단종은
그저 자신의 안위를
삼촌에게 부탁할 수밖에
없었어.

Q.
이 사건을 계유정난이라고 한다.
그렇다면 계유정난의 뜻은
무엇일까요?
이제 이 정도는 알지.
계유년에 일어난 사건이잖아.
오, 수호!
맞아, 1453년 계유년의 정난이야.
'정난'은 어려운 상황을 진정시켰다,
편안하게 했다는 뜻이야.

김종서와 안평 대군 세력이
단종을 없애려고 했는데,
수양 대군이 진압했다?
정확해!
딩동댕!
정답
입니다.

그런데 한명회는
어디 간 거야?
그러게. 심각한 일이
벌어지고 있는데.
수양 대군이 단종을 만나는 동안
한명회는 한양 도성 입구에 있었어.

한밤중에 입궁하라는 왕명이라니.
갑자기 무슨 일이오?
내 어찌
알겠소.

들어오시오!
탁

죽여라!
도대체
무슨 일이야!
으악 악

왜 신하들을 죽이는 거지?
죽이라고 명령한 사람은
누구야?
한명회야.

끼익
生殺簿
저기 봐 한명회야.
그런데 손에 들고 있는
건 뭐지?
생살부!
살생부 같은 건가?

죽일 사람과 살릴 사람을
구분해 놓은 명단이잖아.
한명회가 작성했고,
수양 대군 측에 위협이 될 만한 사람들은
모조리 죽였어. 계유정난 이후 모든 권력은
수양 대군에게 넘어갔어.
그럼 한명회는
1등 공신이 됐겠네!

1455년 6월 11일

씨익
계유정난이 일어난 지 2년 뒤, 수양 대군은 단종에게 왕위를 넘겨받고 조선 제7대 왕으로 즉위했어.
단종은? 단종은 어떻게 됐어?

어린 조카를 협박해 왕이 되다니.
세조를 왕으로 인정할 수 없소!

단종을
다시 왕으로….
연회장에서
세조를 암살하면….
왕의 호위 무사를
투입해서….
속닥
속닥
수십 명의 신하가
단종의 복위를 계획했어.
1456년 6월
전하!
연회장이 좁고 무더우니
칼을 찬 호위병을
들이지 마십시오!
그러도록 하지.

단종을 다시 왕으로 세우려던 계획은
시작하기도 전에 실패했어.
후유, 그래도 계획이
안 들켜서 다행이야.
아니야. 그중 한 사람이
세조를 죽이려고 했다고
발설해 버렸어.
으윽!

으윽
으악
사육신 성삼문, 박팽년, 하위지, 이개, 유성원, 유응부를 말함.
이때 단종에게 충성하다 죽은 여섯 명의 신하를 사육신이라고 해

그럼 생육신은 뭐야? 사육신과 생육신! 이렇게 같이 들어 본 것 같아.
생육신은 목숨을 잃지는 않았지만, 세조 아래에서 벼슬하는 것을 거부하며 단종에 대한 의리를 지킨 여섯 명의 신하를 말해.
생육신 이맹전, 조여, 원호, 김시습, 성담수, 남효온, 또는 권절을 말함.

단종을 없애야 다시는 이런 일이 안 생길 테지!

단종은 17세의 나이로 강원도 영월로 유배를 떠난 뒤 죽음을 맞이해.

1466년
한명회를 최고 관직인
영의정으로 임명하노라.
성은이
망극하옵니다.

반대 세력을 모조리 죽이고
경덕궁 궁지기에서 최고 자리인 영의정까지 올라
인생 역전한 기분이 어떠세요?
천하가 한명회 손안에 있다!
이런 말이 있더군.

하지만 아직 멀었지.

아직도 멀었다고?
여기서 권력을 더 가질 수도 있어?

응, 자신의 셋째 딸과
세조의 둘째 아들을 혼인시켜.
앗, 그러면 세조와
사돈 사이잖아!

1467년 5월
한명회를 당장
의금부에 하옥*시켜라!

씨익
씨익

*하옥: 죄인을 옥에 가둠.

갑자기
무슨 일이에요?
이시애라는 자가 반란을 일으키면서,
내가 역모를 준비한다고 거짓 소문을 냈어.

왜요?
세조의 공신들이 죽으면
반란이 성공할 줄 알았다는군. 나 참!

[세조실록]
무례하게 마음대로 한 것이
그 죄이다.
-세조 13년 5월 19일-
누명은 벗었지만,
이 일로 세조와 거리가 생겼어.

한명회가 너무 많은 권력을 가지고,
마음대로 휘두르고 있다는 걸
세조도 안 거죠.

한명회
제7대 왕 세조
장순 왕후 (셋째 딸)
혼인
제8대 왕 예종 (둘째 아들)
왕과 사이가 틀어지려는 순간, 세조가 죽고 사위가 왕(예종)이 됐지. 내가 왕의 장인이 됐단 말일세!
엄청나게 운이 좋은 사람인 것 같지 않아?
그런데 예종이 15개월 만에 사망하고 말아.
드디어 권력을 내려놓게 되는 건가?

휘익
아니지. 내가 누구야? 킹메이커라는 걸 잊었느냐.

여기서 질문! 예종 다음 왕이 누구지?

태정태세문단세….
나도 거기까진 알아.
성종!

성종 조선 제9대 왕
성종 역시 내 사위였지! 음하하하!
설마 성종이 왕이 되는 것에도 관여하신 거예요?

그럼! 예종의 뒤를 이을 다른 후보들도 있었지만 왕실 최고 어른인 정희 왕후가 성종을 선택한 건 다 장인인 나 때문이야.
왕실의 안정을 위해 권력자가 필요하다고 판단한 건가?

노년에는 한강 변에 압구정*이라는 정자를 짓고 여기서 여생을 보내기로 했어.
갑자기요?

*압구정: 벼슬을 버리고 강가에 살면서 갈매기와 친하게 지낸다는 뜻.

나이도 들었는데
이젠 그만 일하고 쉬어야지.
정말요?

한명회가 권력을 독점하고 있자
언관들의 상소문이 끊이지 않았어.
결국 한명회는 정치 일선에서 물러나.
전하, 신은 이만 조정에서
물러나겠사옵니다.

권력을 늘 좇았지만,
영원하지 않더군.

그래도 세 명의 왕을 모신
최고의 권력가로 살았잖아요.
온갖 부귀영화를
다 누리면서요!
사람은 끝이
좋아야 하는데….

한명회는 죽어서 무덤이 파헤쳐지고
목이 잘리는 부관참시를 당했어.
연산군은 어머니가 쫓겨나는 걸 막지 않았다고
죽은 사람에게까지 죄를 물었거든.
으악, 죽어서 목이 잘리다니.
끔찍해!

씨
익
어때? 역사에 등장하는 인물이
직접 설명해 주니까 더 생생하지?
파
앗

아저씨 정체가 뭐예요?
설마 미노타?
아니! 미노타 월드에 반한
역사 덕후야.
그럼 유저란 말이에요?

응. 그런데 뭐가 문제인지
접속이 끊어지지도 않고
어느 순간부터 한명회로 지내고 있어.

폴짝

냥아, 이리 와!
너희 일행이었어? 저 고양이는 아까부터 혼자 바쁘던데.
헤헷, 우리 냥이가 혼자 잘 사라져요.
심심해서 혼자 놀고 있었구나?

아니던데. 털실로 거대한 장벽을 치고 있었어.
거대한 장벽이요? 어디서요?
또 어디를 가는 거지?

같이 가!
스
스
스

김종서

출생 및 사망: 1383년~1453년

특징: 조선 전기 우의정·좌의정 등을 역임한 문신. 세종의 신임이 두터웠던 인물.

김종서
VS
한명회

한명회

출생 및 사망: 1415년~1487년

특징: 조선 전기 우의정·좌의정·영의정 등을 역임한 문신. 수양 대군을 도와 계유정난을 일으킴.

김종서는 태종 때 과거에 급제해서 세종, 문종, 단종까지 총 4명의 임금을 모신 문신이야. 문종이 죽자 어린 단종을 보호하며 왕위를 지키게 도왔지만 계유정난으로 죽음을 맞이해. 한명회의 집안은 조선의 개국 공신으로 명문 가문이었어. 하지만 칠삭둥이로 태어난 한명회는 몸이 허약했고 과거 시험에도 여러 번 떨어져서 주변 사람의 비웃음을 샀지. 그러나 수양 대군의 책사가 되어 수양 대군을 왕위에 올렸어.

단종

출생 및 사망: 1441년~1457년

특징: 조선 제6대 왕. 문종의 아들로 어린 나이에 즉위했으나 숙부인 수양 대군에게 왕위를 빼앗김.

단종
VS
세조

세조

출생 및 사망: 1417년~1468년

특징: 조선 제7대 왕. 세종의 둘째 아들로 수양 대군에 봉해짐. 문종이 죽자 조카 단종의 왕위를 빼앗음.

세종의 첫째 아들은 문종, 둘째 아들은 수양 대군이야. 세종의 뒤를 이어 문종이 왕이 되었지만 2년 만에 사망하자, 그의 아들 어린 단종이 임금이 되었어. 그런데 거침없고 정치적 야망도 컸던 수양 대군은 한명회와 손잡고 계유정난을 일으켜 조카인 단종의 왕위를 빼앗았어. 이렇게 왕이 된 수양 대군이 바로 조선의 일곱 번째 왕 세조야. 세조는 '조카의 왕위를 빼앗은 숙부', '피의 군주'라는 비판을 받기도 하지만 조선의 제도를 개혁하고 법령을 편찬하는 등 많은 업적을 남겼어.

궁궐을 지키던 궁지기가 영의정이 되었다고?

▲겸재 정선이 그린『압구정도』

한명회는 기억력이 좋고 민첩했으나 과거 시험에는 번번이 떨어졌어. 38세에 음서 제도를 통해 겨우 경덕궁직이라는 벼슬을 얻게 되었지. 음서 제도는 나라에 공적이 있는 자손이 과거 시험을 보지 않고도 관리가 될 수 있는 제도였어. 경덕궁직은 이름 그대로 궁궐을 지키는 궁지기였지. 이랬던 한명회의 인생이 수양 대군을 만나면서 달라졌어. 계유정난을 주도해 수양 대군을 임금의 자리에 오르게 하고, 자신은 영의정의 자리까지 오르게 되었거든. 요즘으로 치면 9급 공무원에서 총리가 된, 그야말로 인생 역전을 이룬 거야.

3대에 걸쳐 왕을 만든 '킹메이커'라고?

한명회는 세조가 믿고 의지하는 책사였어. 책사는 책략을 써서 일을 잘 이루어지게 하는 사람을 말해. 그래서였을까? 세조는 자신의 둘째 아들과 한명회의 셋째 딸을 혼인시켰지. 이 둘째 아들이 세조 다음에 왕위에 오른 예종이야. 한명회는 이제 임금의 장인이 된 거지. 그런데 예종이 즉위한 지 15개월 만에 사망하게 돼. 그 뒤를 이어 조카인 성종이 왕이 되었는데 성종도 한명회의 사위였어. 성종은 한명회의 넷째 딸과 결혼했거든. 한명회는 세조를 왕위에 올리고 예종과 성종 때에는 임금의 장인으로, 3대에 걸쳐 왕을 만든 인물로 평가되고 있어. 그래서 한명회의 이름 앞에는 늘 '킹메이커'라는 별칭이 붙지.

한명회, 죽어서도 목이 잘렸다고?

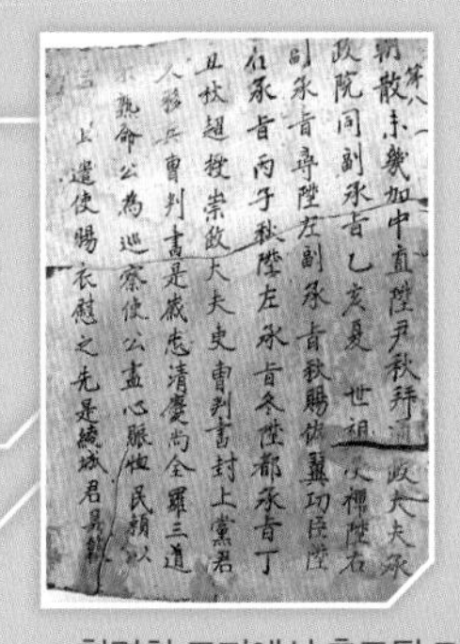
▲한명회 묘지에서 출토된 지석

한명회는 최고의 권세를 누리다가 73세의 나이로 사망했어. 하지만 그게 끝이 아니었어. 성종의 뒤를 이어 왕이 된 연산군이 한명회의 무덤을 파헤쳤거든. 연산군은 자신의 어머니(폐비 윤씨)가 후궁들의 모함으로 억울하게 죽을 때 한명회가 가담했다고 해서 시체를 꺼내 목을 잘랐어. 이미 죽은 사람의 시신을 무덤에서 꺼내 극형에 처하는 이 잔혹한 형벌을 '부관참시'라고 해. 연산군이 왕위에서 쫓겨나면서 복원되었지만, 한명회의 삶은 죽어서까지 파란만장했어.

한방 정리 역사 피드

한명회 / 1415년
조선 한성부에서 칠삭둥이로 태어났어.

단종 / 1452년
아버지 문종이 죽고 왕위에 올랐어.

한명회 / 1453년
수양 대군과 함께 김종서를 제거하고 정권을 잡았어(계유정난).

세조 / 1455년
어린 조카 단종을 왕위에서 물러나게 하고 조선 제7대 왕으로 즉위했어.

한명회 / 1456년
사육신 사건으로 단종의 복위 운동을 좌절시켰어. 이 사건은 성삼문, 박팽년 등 여섯 명의 신하가 단종을 복위시키려다가 발각되어 죽임을 당한 사건이야.

한명회 / 1466년
우의정, 좌의정을 거쳐 영의정이 되었어.

한명회 / 1467년
이시애가 세조의 집권에 반대하며 난을 일으켰어. 내가 신숙주와 함께 반란을 계획했다고 거짓말해서 이때 난 감옥에 갇혔다 풀려나기도 했어.

한명회 / 1482년
성종의 두 번째 왕비인 폐비 윤씨가 궁에서 쫓겨난 뒤 사약을 마시고 죽었어. 폐비 윤씨는 훗날 왕이 되는 연산군의 어머니야.

한명회 / 1487년
73세의 나이로 사망했어.

연산군 / 1504년
어머니의 죽음에 한명회가 연루되었다고 하여 시체를 무덤에서 꺼내 목을 잘랐어.

한명회 / 1506년
연산군이 왕위에서 쫓겨나면서 다시 명예를 회복할 수 있었지.

❶				❸		
					❹	
	❷		❸			
❷						
			❹			

가로 열쇠

❶ 죽일 사람과 살릴 사람의 이름을 적어 둔 장부. 한명회가 반대파를 제거할 목적으로 작성한 명부.

❷ 조선 제6대 왕. 12세의 어린 나이에 왕위에 올랐으나 숙부인 수양 대군에 왕위를 빼앗기고 강원도 영월에 유배되었다가 죽은 왕.

❸ 1453년에 한명회가 수양 대군과 함께 반대파를 제거하고 정권을 장악한 사건.

❹ 조선 제7대 왕. 세종의 둘째 아들이자 세조의 호.

세로 열쇠

❶ 세조가 단종으로부터 왕위를 빼앗자 목숨을 잃지 않고 살았지만 벼슬을 버리고 절개를 지킨 여섯 신하를 이르는 말.

❷ 어린 단종을 보필하며 수양 대군을 견제했으나 계유정난 때 수양 대군에게 살해당한 인물.

❸ 나라에 공적이 있는 자손이 과거를 보지 않고도 관직을 얻을 수 있는 제도.

❹ '벼슬을 버리고 강가에 살면서 갈매기와 친하게 지낸다'는 뜻으로 한명회가 자신의 호를 따 지은 정자.

▶정답은 143쪽에 있습니다.

3장 조선 최고의 수재들, 성균관 유생들의 나날

냥아!

앞으로는 혼자 사라지면
안 돼. 알았지?
우린 한 팀이잖아!
같이 다녀야지.

냐앙!
끼잉

냥이가 털실로 뭘 했는지
보고 싶었는데.
거대한 장벽을 쌓는다고….
에이, 냥이가
별거 했겠어?
그냥 놀았겠지.
맞아, 한명회가
잘못 봤겠지.

두둥
한국은행
천원
1000
냥이가 돈 속으로 들어가는데…?
우리도 따라가 보자.
관문이다!
천 원짜리야.
그럼 이번에는
이황을 만나러 가는 건가?

설마 이황도 한명회처럼
권력을 탐낸 인물은 아니지?
당연하지.
지폐에 아무나 넣겠어?
이황은 조선을 대표하는 학자야.
교육자이면서 정치가이기도 해.

堂倫明
저기 봐! 무슨 건물이지?
이황의 집인가?
명륜당이야. 조선 시대 최고의
국립 교육 기관이었던
성균관의 강의실 이름이지.
성균관?
지금의 대학 같은 곳이잖아!

조광조 1510년 입학
동료 유생 200여 명으로
부터 학문이 뛰어난 사람
으로 추천받음.
이황 1527년 입학
성균관을 관리하는
총 책임자에 임명.
이이 1564년 입학
입학한 해에 과거 시험을
치러 장원 급제.
정약용 1783년 입학
성균관에서 강의. 학문이
뛰어나 정조의 총애를
받음.
신채호 1898년 입학
일본 침략에 항의하는
성균관 유생 성토문에
이름을 올림.
堂倫明

성균관을 나온
인재들인가 봐.
모두 유명한 위인들 아니야?
그럼 들어가기도 어려웠겠네.
맞아, 성균관은 수능처럼
시험을 봐서 합격해야
입학할 수 있었어.

와글
와글

성균관에 다니는
학생들인가?
성균관에 다니는 학생을 '유생'이라고 해.
유생은 유학을 공부하는 학생이라는 뜻이야.

유학···?
공자와 같은 고대 사상가들의
가르침을 담은 학문이야.
인(仁)과 예(禮)를 중시했어.

스스스

앗?
옷이 바뀌었어!
파앗

우리도 성균관 유생인가 봐.
으윽, 공부는 싫어. 나는 여기서 도망갈래!
왜? 수재들만 모인 곳인데 영광이지. 전국에서 200명밖에 안 뽑는다고!

유학을 공부한다잖아. 생각만 해도 따분해.
그, 그런가?

웬 소란인가?

아, 아닙니다.
자리에 앉으려던 참입니다.

다음 관문으로 넘어가려면
참아야 해.
속닥

꾸벅
꾸벅

얘들아, 그만 자!
이제 곧 시험이야.
시험…?

뭘 배웠다고
벌써 시험을 봐?
지난번에 선생님께서
읽어 오라고 한 부분 있잖아.

왜 나는
기억이 없지…?
수호 너 졸았던 거 아니야?
성균관에서는 매일, 열흘,
한 달에 한 번씩 시험을 봐.

시험 범위는?
시험 범위라도 알아야
벼락치기라도 하지.
따로 없어. 지난번 공부한 내용일 때도,
유교와 관련된 내용 전부일 때도 있어.

그럼 공부할 분량이
어마어마하잖아?
나는 시험 포기!

다들 어젯밤에 공부 많이 했는가.
각자 공부한 책을 갖고
한 명씩 앞으로 나오게나.

쿵
윽…!
앗! 유생 한 명이
쓰러졌어.

허둥
지둥
서둘러 약방에 가서
의원을 불러오게!
정신 좀 차려 보게…!

끙
끙
성균관에서는
너무 열심히 공부하다가
죽는 유생도 있었대.
헉!
저 유생은 꼼짝하지 않고
책만 보던데….
공부하느라 몸이
아픈 줄도 몰랐나 봐.
안 되겠어.
빨리 탈출하자.
수호야, 넌 그 정도로
공부할 건 아니잖아.
덜덜

둥둥둥

식사 시간이군.
어서 밥 먹으러 가세!

밥도 공짜로 주는 거야? 우리도 얼른 먹으러 가자!
우르르

맞아. 성균관의 학비는 전액 무료였어. 기숙사와 필기구, 밥까지 모두 공짜였지.
오, 성균관 다닐 만하네!

언제는 탈출하자며?
하핫, 시험만 없으면!

소과를 통과해 성균관에 입학한
유생들이 열심히 공부하는 데는 다 이유가 있어.
바로 대과 시험을 통과해야 하거든.
소과
진사시
생원시
·총 200명 모집
·1년에 한 번 실시
대과
초시
회시
전시
·총 33명 모집
·3년에 한 번 실시

맞소. 대과를 통과해야
중앙 정계에 진출해서
고위 관료가 될 수 있지.

모두 똑똑한 사람들인데
금방 통과하지 않나요?

경쟁률이 어마어마해.
쉽지 않소만.

어느 해는
11,000 : 1이었다오.
뜨
악

내가 생각해 봤는데
이황은 한 번에
붙지 않았을까?

아니. 이황도 세 번 연속 떨어져서
엄청난 스트레스를 받았대.
위인도 시험 앞에서는
별수 없구나!

앗! 유생들이 왜
모여 있지?
주춤
과거 시험을
치르려나 봐.

슬슬

과거 시험을 보는 동안
이동해서는 안 되오.
자리에 빨리 앉으시오!
얘들아, 다른 사람에게
방해되니까
일단 자리에 앉자.

책에서만
과거 시험 문제를
내는 게 아니야.
이럴 줄 알았으면
책 좀 열심히 볼걸.

Q.
인재를 어떻게 구할 것인가?
-세종 29년 문제-
Q.
전란을 겪고 간신히 살아남은
백성을 소생시키는 것이 시급하다.
지금 당장 시급하게 힘써야 할 것으로
또 무엇이 있겠는가?
-광해군 3년 문제-

이건 왕이 고민해야 할 문제 아니야?
시험 합격자들은 관료가 되어 백성들을 위해 일해야 하니까 당시 문제가 되던 것을 얼마나 잘 알고 있는지가 중요했어.

단순히 자기 생각을 적는 게 아니라 유학의 이론을 근거로 답을 적어야 하네.
아, 네!
한마디로 이론과 실무를 겸비한 인재를 뽑으려고 한 거야.

합격하기
너무 어려웠겠다.
두리번

그래서 부정행위가
끊이지 않았지.
부정행위요?
설마 커닝?

저기, 저 유생도
문제가 있어 보이는군.

저 유생도 그렇고.
한두 사람이
아니잖아?
커닝뿐만이 아니야. 대리 시험을 보기도 하고,
감독관이 답안지를 고쳐 주는가 하면,
채점할 때 누구 답안지인지
미리 표시해 두고 합격시키기도 했어.

세상에, 말도 안 돼!
감독관과 채점관까지 합세했다고?
Q.
1699년 숙종 때 일어난 기묘과옥은 어떤 사건을 말하는가?
팟

기묘년에 일어난 사건이야.
띠림!
와! 퀴즈 창이 반응도 하네.
그럼 '과옥'만 알면 되는데, 과옥…?

'과옥'은 과거 시험의 부정행위로 인해 일어난 범죄 사건을 뜻해.
부정 행위로 적발된 수십 명이 형을 당하거나, 강제로 병역에 복무하게 되거나 유배되었어.
의금부

자네, 뭐 하는 짓인가!
찌릿!

20년째 도전하는 과거 시험인데
저런 사람들 때문에 떨어지면 억울하지.
이, 이십 년이요…?

40년 이상 도전하는
이들에 비하면
난 아무것도 아닐세.
떠억
조선 시대에 출세하려면
과거 시험밖엔 길이 없었거든.

그렇다고 유생들이
매일 공부만 하는 건 아닐세.
에이, 하루 종일 공부만
하는 거 같은데요?

자네들만큼은 아니어도
우리도 간혹 스트레스를 풀러 간다네!
스트레스를 푼다고요?
어디서요?

하하, 반촌이지 어디겠나.
시험이 끝나거든 나를 따라오게.
좋은 곳에 데려가 주지.
반촌?

자, 시간이 얼마 안 남았소.
답안지 작성을 마무리하시오!

슥슥
후다닥

과거 시험이 끝난 뒤
아까 그 유생이야.
따라가 볼까?

아까 말한 반촌
지도인가 봐!
여기서 가까운데?

반촌은 성균관 주변을 둘러싼 마을을 말해.
성균관에서 유생들의 일을 돕는 사람인
반인들이 사는 곳이지. 유생들은 이곳에서만큼은
술도 마시면서 자유롭게 즐길 수 있었어.

성균관 주변에
이런 데가 있었다니!
저기 주막도 있고,
시장도 있어!
우아
반촌은 성균관 때문에
생긴 마을이니만큼 특별했어.
반촌에 거주하는 반인들은
노동 동원에서 면제되었어.
그리고 조선 시대에는 소 도살이 금지됐는데
성균관에 소고기를 공급하기 위해
반촌에서는 소의 도살과 판매가 허용됐어.

성균관은 교육 기관이자 공자를 모신
신성한 곳이라는 이유로
아무나 출입할 수 없었는데
반촌도 마찬가지였지.

반촌으로 숨어든 죄인도
잡을 수 없었거든.
왜? 죄를 지었잖아!
포도청*이 반촌을 수색하려고 하니까
유생들이 시위를 벌였거든.
이야! 유생들 파워가
엄청났구나!
성균관이 대단한 거지.
성균관 유생들의 집단 시위엔
왕도 꼼짝하지 못했다고 해.

*포도청: 조선 시대에 범죄자를 잡거나 다스리는 일을 맡아 보던 관아.

상소문을 올려도
소용이 없으니
직접 왕을 뵈어야겠소!
당장
궁궐로 갑시다!
안 되오.
그만 돌아가시오!
왕이 유생들한테
꼼짝을 못 했다고?
유생들이 괜히
집단행동을 했겠어?
나랏일이 잘못됐다고
생각했으니까 그랬겠지.
맞아. 처음엔 상소문을 올리고,
그래도 안 되면 식사를 거부하거나,
공부방에 들어가지 않는 등
점점 강도 높은 방법을 썼어.

유교의 나라에서
불당을 세우는 건 옳지 않습니다!
1448년

유생들이 학업을 포기하고
흩어져 돌아갔습니다.
흐음…!
당대 최고의 지식층인 성균관
유생이 제기하는 문제를 조정에서는
그냥 넘어갈 순 없었지.

1503년
생도들이 공관*을 단행하였사옵니다.
허허, 그거 잘되었구나. 성균관을 연회장으로 꾸미거라.
明倫堂
유생들은 나라가 어지러울 때, 왕에게 충언을 하거나 단호하게 맞섰어. 유생들은 연산군의 폭정에 공관을 시도했지.
연산군 조선 제10대 왕

1515년
이상적인 정치를 하려면 먼저 무엇에 힘써야 하는가?
법도와 기강*의 큰 줄기를 세우십시오. 군주 혼자 정치를 할 수 없으니 반드시 신하를 믿고 일을 맡기십시오.
조광조 조선 관료
중종 조선 제 11대 왕
왕은 유생들에게 정치적 조언을 얻기도 했지. 중종은 성균관 유생이었던 조광조의 의견을 따라 과거제와 신분 차별 제도를 개선하는 등 다양한 개혁을 시도했어.

뜻을 굽히지 않고, 끝까지 펼쳤구나. 멋지다!
우리도 그렇잖아.

미노타에 맞서 여기까지 신념을 굽히지 않고 왔잖아!
그래도 말은 되네.
뭔가 억지스러운데….

*공관: 조선 시대 성균관의 유생들이 감행한 집단 시위.

*기강: 규율과 법도를 아울러 이르는 말.

냐앙?
빙글
잠깐!
무슨 소리 안 들려?
엄청 시끄러운 소리야.
빙글빙글
으앗!
빙그르르
탁
갇혀 버렸어!
진동이 느껴져.
또 괴물이 나타난 건가?
어떡해! 진동이
가까워지고 있어.
우르릉
콰광

광
광
골드 파워로 해결할 수 있지 않을까?
잠깐만!
수호야, 멈춰!
골드 파워! 어서 우리를 구해 줘!

우지직
멈칫
빠지직

휴, 다행이야. 골드 파워가 통했어.
어떤 대가가 따를지 걱정돼.
그래도 당장 위험은 피했잖아.
아니!

활활
화르르
화르르
임진왜란 때 성균관이 불에 탔지만 다시 복구됐는데….
전쟁 때문인 것 같지는 않아. 누가 일부러 파괴한 게 아닐까?
그러게. 건물이 폭삭 주저앉았어.
설마 드림 수색팀은 아니겠지? 우릴 찾고 있잖아.

흠칫
그렇다고 미노타 월드를 이렇게 무지막지하게 파괴한다고?

냐아….
여기가 이번 관문의 끝인 것 같은데.
퀘스트 창도, 퀴즈 창도 안 뜨는걸? 서버 오류인가?
팟
이제 그만 배신자와 헤어져!
또 배신자 타령이네.
드림이 끼어들었나?
이상해. 미노타가 아닌 거 같아.
척

향교

고려·조선 시대에 유교를 교육하기 위하여 국가가 지방에 설립한 교육 기관.

향교
VS
성균관

성균관

조선 시대에 인재를 양성하고 제사를 지내기 위하여 한양에 설치한 국립 대학격의 유학 교육 기관.

향교와 성균관은 모두 나라에서 운영하는 국립 교육 기관으로 유교의 교리를 가르쳤어. 두 곳 모두 나라에서 파견된 선생님이 있었고 토지와 노비까지 지원되었다고 해. 차이점이라면 향교는 지방에, 성균관은 한양에 있었다는 거야. 그리고 향교와 성균관은 입학 자격이나 교육 수준도 달랐어. 성균관은 생원과 진사 시험에 합격해야만 입학할 수 있었던 아주 수준 높은 교육 기관이었거든.

불교

▲석가모니

석가모니(부처)의 가르침을 따르며 수행하는 종교. 삼국 시대에 불교를 수용하여 통일 신라와 고려 시대에 불교를 적극적으로 장려함.

불교
VS
유교

유교

▲공자

중국 춘추 시대 말기의 학자인 공자의 가르침을 따르는 종교. 인(仁)과 예(禮)를 중시함. 고려 말 조선 초에 이르러 종교적 체계를 갖추게 됨.

불교는 고대 인도에서 시작된 종교로 삼국 시대에 중국을 통해 우리나라에 전해졌어. 유교는 중국에서 시작되었는데 공자의 가르침을 따라 인(仁)과 예(禮)를 중시하고, 나라에 대한 충성과 부모에 대한 효도를 강조했어. 조선은 유교를 바탕으로 한 성리학을 연구하고 따르던 신진 사대부가 중심이 되어 건국되었어. 그래서 건국 이념으로 유교를 내세웠고, 나라를 다스리는 근본 사상으로 삼았어. 반대로 불교는 억누르고 배척했지(숭유억불 정책).

천 원짜리 지폐 안에 성균관이 있다?

천 원짜리 지폐를 꺼내서 자세히 살펴볼래? 퇴계 이황 옆에 건물이 보일 거야. 그 건물의 이름은 '명륜당', 바로 성균관에서 유생들이 강의를 듣던 건물이야. 우리나라 지폐 속의 인물인 퇴계 이황, 율곡 이이도 모두 이곳에서 공부했어. 성균관을 대표하는 건물에는 명륜당 말고 '대성전'도 있어. 대성전은 공자를 비롯해 중국과 우리나라 성현들의 위패를 모신 곳으로 유생들은 이곳에서 제사를 지냈다고 해. 그러니까 성균관은 교육 기관인 동시에 제사를 지내는 사당의 역할도 함께 했던 거야.

▲명륜당

귤을 나눠 주면서 본 시험이 있었다?

성균관 유생들은 거의 매일 시험을 봤대. 일주일, 한 달 단위의 시험도 있었고 말이야. 그중에 귤(황감)을 상품으로 건 특별 시험도 있었다고 해. 겨우 귤이 상품이냐고? 아니야, 조선 시대에 귤은 아주 특별한 진상품이었어. 육지에서는 구경도 할 수 없었거든. 그 귤을 임금님이 직접 하사하여 보는 시험을 '황감제'라고 불렀어.

옛날에도 커닝 페이퍼가 있었다고?

조선 시대에 벼슬을 하려면 과거 시험을 통과해야 했어. 그런데 과거 시험은 3년에 한 번 열렸어. 10만여 명이 넘는 사람이 몰리는데 최종 합격자는 30명 남짓이었지. 과거에 급제하기만 하면 고위 관직을 얻을 수 있었으니 과거 시험을 통과하기 위해 응시자들은 부정을 저지르기도 했어. 미리 준비한 답을 붓두껍에 숨기거나 땅을 파서 담장 밖에서 답안지를 전해 주기도 하고, 심지어 시험관을 매수하기까지 했대. 숙종 때에는 이런 부정행위가 탄로 나서 시험 자체가 무효가 되고 관련자들이 유배를 가는 사건(기묘과옥)까지 있었다고 해.

肅宗大王實錄
▲기묘과옥이 기록된 『숙종실록』

충렬왕 / 1298년
고려의 국자감을 성균감으로 이름을 바꿨어. 국자감은 나라에 필요한 인재를 기르기 위해 세운 고려의 최고 교육 기관이었어.

1308년 성균감을 성균관으로 이름을 바꿨어.

태조 / 1392년
조선을 건국했어.

1398년 수도를 한양으로 옮기면서 숭교방 부근(현재의 명륜동)으로 성균관을 옮겨 지었어.

세종 / 1448년
궁궐 안에 불당을 지으려고 하자 성균관 유생들이 수업을 거부하고 성균관을 비우며 집단 시위(공관)를 했어.

선조 / 1592년
임진왜란으로 성균관의 건물이 불타 없어졌어.

1626년 임진왜란 이후 성균관 건물이 차례로 복구되었어.

숙종 / 1699년
과거 시험의 부정행위가 드러나면서 관련자들을 처벌하거나 귀양을 보냈어(기묘과옥).

고종 / 1894년
갑오개혁으로 과거 제도가 폐지되면서 인재를 양성하고 관리를 배출하는 성균관의 기능이 사라졌어.

고종 / 1895년
성균관을 근대적 고등 교육 기관으로 개편하면서 유교 경전 외에 지리, 세계사, 수학, 역사, 문학도 가르치게 했어.

100

1 일정한 시험에 통과한 인재들이 모여 유학을 공부하고, 공자 등 성현들에게 제사를 지냈던 조선 시대 최고의 국립 교육 기관은?

ㅅ ㄱ ㄱ

2 인(仁)과 예(禮)를 중시하고, 나라에 대한 충성과 부모에 대한 효도를 강조한 중국의 대표 사상. 조선이 나라를 다스리는 근본 사상으로 삼았던 종교 또는 학문은?

ㅇ ㅎ

3 유교는 숭상하고 따르지만 불교는 억누르고 배척한다는 의미가 담긴 조선의 정책은?

ㅅ ㅇ ㅇ ㅂ

4 조선 시대에 나라에서 주관하는 시험을 통해 관리를 선발하던 제도는?

ㄱ ㄱ ㅅ ㅎ

5 제주의 진상품인 귤(황감)을 내걸고 실시했던 성균관의 특별 시험은?

ㅎ ㄱ ㅈ

6 성균관 유생들이 강의를 듣고 공부하던 성균관 안의 건물 이름은?

ㅁ ㄹ ㄷ

정답

① 성균관 ② 유학 ③ 숭유억불 ④ 과거 시험 ⑤ 황감제 ⑥ 명륜당

4장 여인 천하, 조선을 쥐락펴락한 문정 왕후

씨익
씨익

냥이가
저런 표정 짓는 거 처음이야.
꼭 화난 거 같아.
여기가 난장판이
돼서 그런가?

배신자와 헤어지라는
말 때문일지도 몰라.
냥이가 무슨
상관이 있다고….

왠지 상관이
있을 것 같단 말이야.

갸르릉…!

그나저나 퀘스트를 깨야
할 텐데. 이제 어떻게 하지?
다짜고짜 배신자가 있다고
하고 말이야.
퀘스트가 이상해졌어.
그러게.

우리 사이를 이간질해서
퀘스트를 못 깨면 미노타도
재미없을 텐데.

부아앙
앗, 수색팀 차야!

빙글
다시 문 속으로 들어가자!
냥아, 어서 이리 와.

저기다, 잡아!
이번에는 놓치지 마!

빙글
빙글

으악!

드림 수색팀은
왜 우리를 본부로
데려가려는 거야?
이제 잡히는 건
시간문제야.

미노타,
어서 모습을 드러내!
쉿! 겨우 도망쳤는데
들킬라.

설마
냥이가 배신자 아냐?
지난번부터 무슨 엉뚱한 소리야?
냥이 덕분에 무사히 빠져나왔는데.
그나저나
여기는 또 어디지?

대윤 VS 소윤
(大尹) (小尹)

새로운 관문인가 봐!
다짜고짜 이렇게 바로 선택하라고?
그러게. 퀘스트 방식이 계속 바뀌고 있어.

두 윤씨 가문이 대결하고 있네.
한자를 보니 같은 윤씨인 것 같은데. 왜 싸우는 거야?
대윤 (大尹)

윤씨는 조선 중종 때의 외척 가문이야. 두 세력을 구분하기 위해 한쪽을 대윤(大尹), 다른 한쪽을 소윤(小尹)이라고 했어.
대윤 VS 소윤
(大尹) (小尹)

중종은 반정으로
연산군을 몰아내고 왕이 되었는데
첫 번째 부인인 단경 왕후는 아버지가 연산군의
처남이라는 이유로 7일 만에 쫓겨나.

두 번째 부인인
장경 왕후는 세자를 낳고 출산 직후
앓았던 산후병으로 왕비가 된 지
8년 만에 생을 마감해.

폐비
첫 번째 부인
단경 왕후 신씨

그리고 장경 왕후와 같은
파평 윤씨인 문정 왕후가 중종의
세 번째 부인이 돼.

제11대 왕 중종

사망
두 번째 부인
장경 왕후 윤씨

인종

세 번째 부인
문정 왕후 윤씨

경원 대군

대윤은 당시 왕세자의
외삼촌 윤임이 중심인
세자 세력이고,

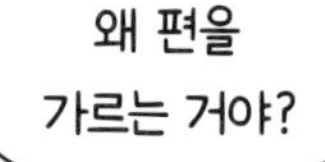

윤임

문정 왕후

소윤은 경원 대군의
외삼촌이자, 문정 왕후의 동생인
윤원형이 중심인 세력이었어.

왜 편을
가르는 거야?
두 사람 모두 자신의 조카가
왕위에 오르길 바랐겠지?

당연히 세자가 왕위에
올라야 하는 거 아니야?

대윤(大尹)
장경 왕후 윤씨 세력
소윤(小尹)
문정 왕후 윤씨 세력

어느 편에 줄을 서야
할지 모르겠군.

무조건 왕이 될 쪽에
줄을 서야지.

문정 왕후가 있는 한
다음 왕은 경원 대군이 될 걸세.
큰일 날 소리!
엄연히 세자가 계신데!
너희도 어서
한쪽을 골라.
네?
저희도 고르라고요?

욕신
각신
신하들 얘기를 들어 보니까
문정 왕후 권력이 엄청난가 봐.
세자가 있는데 이러는 걸 보면.
문정 왕후가 입궁할 때,
세자는 엄마를 잃은 세 살짜리 아이였어.
이 세자를 잘 돌보고 키워 내는 게
문정 왕후의 임무였지.
그러다가
입궁한 지 17년 만에
아들 경원 대군을 낳게 돼.

그런데 자기 아들을 낳고 나니까
왕위에 욕심이 생겼구나.
와, 눈치 100단이다!
척
역사를 보는
눈이라고 해 줄래?
후
훗

1544년
두둥
인종 조선 제12대 왕

저기 봐, 인종이야!
그럼 대윤파가 이겼구나.

스스
스스스

1545년
명종 조선 제13대 왕
앗! 즉위하는
왕이 바뀌었어!

명종…?
문정 왕후의 아들 경원 대군이 명종이야! 인종이 즉위한 지 8개월 만에 죽고 열두 살인 경원 대군이 왕이 됐거든.
헉! 우리 나이에 왕이 된 거야?
천잰가? 열두 살에 어떻게 나라를 다스리지?
미성년의 어린 왕이 즉위하는 경우, 왕실의 가장 큰 어른인 대왕대비나 대비가 왕과 함께 정사를 돌보는 제도가 있는데….
타닥타닥
수렴청정!
문제가 끝나기도 전에 맞혔어!
앗, 나도 알고 있었는데! 간발의 차이로 테오가 맞혔네.

땜!
타닥타닥
Q.
…….
이 제도를 수렴청정이라고 한다.
그렇다면 '수렴'은 무엇을
의미할까요?
테오가 퀴즈를 잘 맞히니까
괜히 문제를 바꾸나 봐.
분명히 미노타가 우리를
지켜보고 있다는 증거야.

이번 퀴즈의 정답이 뭐야?
이건 모르겠어, 테오야.

발을 내린다!

정답!
촤
라
락
스르르
아, 이런 발을
말하는구나.
발을
걸어 볼까?
슬쩍

문정 왕후는 왜 발을 내리고 있어?
그러게. 보기만 해도 답답할 것 같아.

조선 예법에선 남자와 여자가 마주하지 않아야 하잖아.
남녀칠세부동석!
아, 그래서!

윤임을 무작정 내치시면 아니 되옵니다, 전하!
실로 죄가 있는지 먼저 조사를 해야 하옵니다.

슬쩍
그, 그건….

예전부터 윤임이 나와 경원 대군을 죽이려 했다. 그러니 이러는 게 아닌가!

명종이 정치를 할 수 있도록
도와야 하는 거 아니야?
오히려 문정 왕후가
왕 같아.
맞아. 문정 왕후는 직접
편전에 나가 국정 운영을 하기도 했어.
명종은 점점 존재감이 없어지면서
허수아비가 되어 갔지.
감히 윤임이
역모를 꾸몄단 말이지.
대윤파 이놈들….
살벌하다,
살벌해.
무슨 일이
터지는 거 아냐?

1545년, 을사사화
욱
으윽
1545년 을사년에 일어난 사화야.
사화는 선비들이 정치적으로
화를 입은 사건을 말해.
결국 일이
터졌나 봐!
응. 대윤과 조금이라도
관련이 있는 사람은
다 숙청*했어.

역모는
죄가 크니까.
그중엔 어느 편에도 서지 않고
중립을 지켰던 신하도 많았어.

문정 왕후에 반대하는 사람은
하나도 안 남았겠다.

*숙청: 정치적으로 입장을 달리하는 반대파를 죽이거나 제거함.

냐아

저기 사람들이 모여서
뭘 보고 있어!
무슨 벽보지?
나도 볼래!

여주라면 문정 왕후를
말하는 게 아닌가?
여주(女主)가 위에서 정권을 잡고
간신들이 아래에서 권세를 농간하고 있으니,
나라가 장차 망할 것을
서서 기다릴 수 있게 되었다.
어찌 한심하지 않은가.
그럼 문정 왕후를
욕하는 내용이잖나!

대체 누가 이따위 글을
남겼단 말인가?
당초 역적 무리를 제대로
처리하지 않은 탓입니다.

당장 대윤 잔당을 벌하라!

1547년, 을사사화에 이어
또 한 번 피바람이 불었어.
이 사건을 '정미사화'라고 해.
정미사화로 대윤 세력은 완전히
사라졌지. 무려 100여 명을 처벌했거든.
그리고 윤원형이 핵심 세력으로
급부상하면서 권력을 휘두르게 돼.
윤원형 문정 왕후의 동생
으윽….
사… 살려 줘!

저 인물은 진짜로
도와 달라는 거 같지 않아?
에이, 설마!

진짜야,
나는 진짜라고!
제발 도와줘!

속는 셈 치고
한번 구해 주자!
으윽….

아저씨,
괜찮으세요?
제가 부축해
드릴게요!

정말 고마워.
너희는 멀쩡하구나.
어? 진짠가 보네?
게임 속
캐릭터가 아니에요?

미노타 월드 단골 유저였는데
갑자기 이렇게 됐어.
아저씨도 유저였다니!
일단 다친 곳부터
치료를 좀 해요.

체력
마력
기타

툭
이게 좋겠어!
꿀꺽….
샤샤샥

좀 괜찮으세요?
이제야 살 것 같아. 도와줘서 고맙구나.
유저가 고문 당하다니! 어떻게 된 거예요?
나도, 나와 함께 있던 유저도 갑자기 역사 속 인물로 바뀌더니 유배를 가거나 고문을 당하다가 죽었어.
악
으, 끔찍해. 죽은 다음에는요?

죽고 나서는 역할이 계속 바뀌더라고.
역할이 바뀐다고요?

응, 미노타 월드에 무슨 일이 생긴 거야? 다시 원래 세계로 돌아가는 방법은 없어? 언제까지 여기에 있어야 하지?
저희가 방법을 찾고 있어요. 조금만 기다려 주세요!

나처럼 갑자기
역사 속 인물이 된 유저들이
많을 텐데 말이지.
흐음
아저씨, 저희랑
같이 가요!
한번 접속한 역사적 상황을
벗어날 수 없더라고.
방법을 찾으면 꼭 돌아와 주렴.
스
스
스
앗!
사라졌어!

아까 그 아저씨
그냥 사라지게 둬도
괜찮은 거였을까?
계속 역사 속 인물로 바뀐다면
우리처럼 이동할 수는 없을 거야.
오히려 관문 안이 더 안전할 수도 있어.

팟
Q.
조선의….
Q.
조선의 통치 이념은
무엇일까요?
냐아?
지금 퀴즈가
나올 때인가?
조선의 통치 이념?
성균관 때부터
계속 나왔던 거잖아.
잘 떠올려 봐, 얘들아!
냐앙!
성균관 때라….
….
아, 알았다! 유교야!
아까 남녀칠세부동석도
유교에서 나온 거잖아!
오, 수호!
대단한걸.

스스스
저기 봐! 조선은 유교의 나라라고 했는데 문정 왕후는 왜 절에 간 거지?
그러게. 부처님께 기도를 드리고 있어.

흐음

야, 테오! 도대체 왜 그래?
화들짝
어? 어!

1550년 12월 문정 왕후는 불교를 부흥시키겠다고 선포해.
사대부와 성균관 유생들의 반대에도 불구하고 문정 왕후는 계속 불교에 애정을 쏟았어.
금으로 그린 불화를 전국 사찰에 보내면서 왕실의 재정을 쓴 것도 모자라 백성들의 토지와 노비도 빼앗았지.
혼자 불교에 진심이면 될걸, 부정부패까지 저질렀구나.
왕은 뭐 하고?

1553년
내가 스무 살이 되어 모후(문정 왕후)가
수렴청정에서 물러났지만 여전히 국정을 쥐락펴락하고,
외삼촌(윤원형)이 권력을 휘두르니 언제 이 그늘에서
벗어날 수 있단 말인가!
주상, 어미 말대로
하시지요!

수렴청정이 끝났는데도
그런다고?
아주 욕심이
끝이 없구나.
심지어는 왕인 명종을
꾸짖고 호통을 쳤어.

이제는 정사를 제게 맡기시고
쉬시는 게 어떻겠습니까.
나와 윤원형이 아니었다면
주상에게 어떻게 오늘이 있었겠소!

1565년 4월
끝까지 권력을 놓지 않았던
문정 왕후는 병을 앓다가 65세의
나이로 세상을 떠나게 돼.
문정 왕후가 세상을 떠나고
윤원형과 그의 부인 정난정도
비참한 최후를 맞지.
와
와아
백성들은
이들의 죽음에 환호했어.
나 같으면 권력을
백성들을 위해 써서
멋진 여주가 되었을 텐데.
어떻게?

부정을 저지르지 않고
백성들을 위한 정책을
펼치는 거지!
오, 고깡.
멋진걸!

...?

테오야, 아까부터
냥이한테 왜 그래!
찌릿
냥이 눈빛도
만만치 않은걸?
찌릿

설마 둘이
눈싸움하는 거야?
갸르릉!

나, 미노타가
누군지 알 것 같아.
누군데 그래?
아까 우리가 만난
역사 인물들 중에 있었어?

아니, 바로….
냥이야!

중종

출생 및 사망: 1488년~1544년
조선 제11대 왕. 연산군을 반정으로 몰아내고 왕이 됨. 즉위 초에 왕도 정치의 이상을 실현하려 노력함.

중종
VS
문정 왕후

문정왕후

출생 및 사망: 1501년~1565년
조선 제11대 왕 중종의 계비. 아들인 명종이 12세의 어린 나이로 왕위에 오르자 수렴청정을 함.

중종은 성종의 둘째 아들이야. 폭정으로 나라를 어지럽힌 연산군을 몰아내고 왕이 되었어(중종반정). 중종의 세 번째 왕비인 문정 왕후는 어려서부터 성격이 강하고 글을 배워 똑똑한 데다 유교적 소양도 있었다고 해. 글공부를 하지 않았던 조선 시대 여인들과는 달랐지. 문정 왕후는 결혼한 지 17년 만에 아들 경원 대군을 낳았고, 명종을 앞세워 조선을 쥐락펴락하는 절대 권력자가 돼.

대윤

대표 인물: 윤임, 윤여필
장경 왕후의 아들인 세자 편으로, 장경 왕후의 오빠였던 윤임 세력.

대윤
VS
소윤

소윤

대표 인물: 윤지임, 윤원형, 윤원로
문정 왕후의 아들 경원 대군 편으로, 문정 왕후의 남동생인 윤원형 세력.

파평 윤씨는 조선 시대에 왕비를 다섯 명이나 배출한 가문이야. 중종의 두 번째와 세 번째 부인인 장경 왕후와 문정 왕후 모두 파평 윤씨였지. 문정 왕후를 세 번째 왕비로 선택한 이유는 바로 장경 왕후의 아들인 세자를 지켜 내기 위해서였어. 하지만 문정 왕후가 경원 대군을 낳으면서 판세가 달라졌어. 누가 왕이 될 것인가를 두고 파가 갈라진 것이지. 두 파가 모두 윤씨라서, 구분하기 위해 대윤과 소윤이라고 불렀어.

대윤 VS 소윤의 대결, 최후의 승자는?

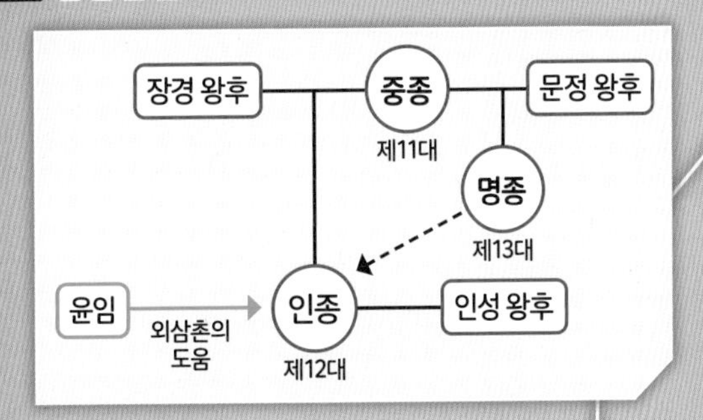
장경 왕후
중종
제11대
문정 왕후
명종
제13대
윤임
외삼촌의 도움
인종
제12대
인성 왕후

대윤과 소윤은 왕위를 두고 끊임없이 대립했어. 왕이 되면 반대파를 숙청할 것이 불 보듯 뻔했으니 목숨을 건 싸움이었지. 먼저 왕을 세운 세력은 대윤이었어. 장경 왕후의 아들인 세자가 조선의 제12대 왕 인종이 된 거야. 이때 문정 왕후와 경원 대군은 목숨을 지키기 위해 밤마다 자는 곳을 바꿨다고 해. 그러다가 인종이 9개월 만에 병으로 세상을 떠나게 되었고, 경원 대군이 왕위에 올라 조선 제13대 왕 명종이 되었어. 문정 왕후와 소윤 세력은 반대파를 누르기 위해 윤임과 그를 따르던 사람들을 제거했어. 이것을 을사사화라고 해. 이후 정미사화를 통해 대윤 세력을 완전히 제거했지.

왕을 대신해 어머니가 정치를 한다고?

나이가 어린 왕이 즉위했을 때 누군가 대신 나랏일을 도와주고 결정하는 것을 '섭정'이라고 해. 그중에서도 어머니나 할머니가 대신 하는 것을 '수렴청정'이라고 하지. 다만 조선은 유교를 따랐기 때문에 남자인 신하들과 얼굴을 맞댈 수 없어서 발을 치고 그 뒤에 앉아 나랏일을 결정했다고 해. 여기서 '발을 내리고 정치를 한다'는 뜻의 수렴청정이 유래된 거야. 조선 시대 처음으로 왕을 대신해 국가 정무를 보았던 여인은 정희 왕후였어. 정희 왕후는 세조의 부인으로, 아들인 예종과 손자인 성종이 왕위에 올랐을 때 수렴청정에 임했지. 하지만 문정 왕후는 정희 왕후와는 차원이 달랐어. 직접 편전에 나가 신하들의 이야기를 듣고 자신의 의견을 밀어붙였지. 마치 자신이 왕인 것처럼 말이야.

▲ 태릉(문정 왕후의 능) 전경

한방 정리 역사 피드

문정 왕후 / 1517년
17세의 나이에 중종의 세 번째 왕비가 되었어.

문정 왕후 / 1534년
왕비가 된 지 17년 만에 아들 경원 대군을 낳았어.

인종 / 1544년
아버지 중종이 죽자 제12대 왕이 되었어. 하지만 즉위한 지 8개월 만에 죽었지.

명종 / 1545년
형 인종이 죽자 제13대 왕으로 즉위했어.

문정 왕후 / 1545년
어린 나이의 명종을 대신해 수렴청정을 시작했어.

윤원형 / 1545년
윤임 일파가 역모를 꾀했다는 거짓 소문을 퍼뜨려 대윤 세력을 몰아냈어(을사사화).

문정 왕후/ 1547년
내가 나라의 주인이 되어 나라를 망친다는 벽서가 나돌자 대윤의 나머지 세력이 벌인 일이라며 대윤과 연관이 있는 사람들을 모두 숙청했어(정미사화).

문정 왕후 / 1550년
승려를 대상으로 하는 과거 시험인 승과를 부활시키고 불교 중흥 정책을 펼쳤어.

문정 왕후 / 1553년
수렴청정을 그만하겠다고 선언했어. 하지만 물러난 뒤에도 나를 따르던 조정 대신들을 이용해 계속 정치에 관여했지.

문정 왕후 / 1565년
65세에 죽음을 맞이해. 죽은 뒤에는 태릉에 묻혀. 서울에 있는 태릉 선수촌은 바로 옆에 나(문정 왕후)의 능인 태릉이 있어서 붙여진 이름이야.

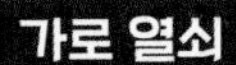

가로 열쇠

❶ 문정 왕후의 아들로 조선 제13대 왕인 명종의 군호.

❷ 조선 시대에 선비들이 참혹한 화를 입은 사건을 부르는 말.

❸ 중종의 세 번째 왕비로, 아들 명종을 대신해 수렴청정을 했던 인물. 태릉의 주인.

❹ 이린 나이에 즉위한 왕을 대신해 어머니나 할머니가 나랏일을 결정하는 정치 제도. '발을 내리고 정치한다.'는 뜻.

세로 열쇠

❶ 문정 왕후의 남동생이자 명종의 외삼촌. 소윤의 대표로 영의정까지 오르는 인물.

❷ 1545년에 소윤 세력이 역모의 누명을 씌워 대윤 세력을 몰아낸 사건.

❸ 중종이 폭정으로 나라를 어지럽힌 연산군을 몰아내고 왕이 된 사건.

❹ 정치적으로 입장을 달리하는 반대파를 죽이거나 제거하는 일.

▶정답은 143쪽에 있습니다.

'o'

과연 냥이는 미노타가 맞을까?
테오는 왜 냥이를
계속 의심하는 것인가?

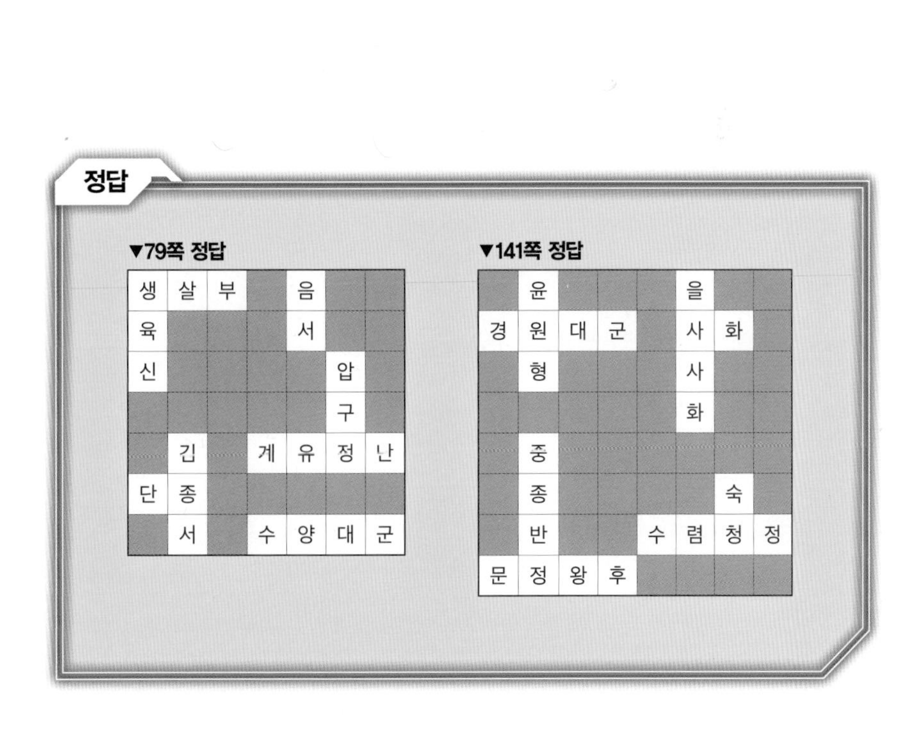

정답

▼79쪽 정답

생	살	부		음		
육				서		
신					압	
					구	
	긴		게	유	정	난
단	종					
	서		수	양	대	군

▼141쪽 정답

	윤				을		
경	원	대	군		사	화	
	형				사		
					화		
	중						
	종					숙	
	반			수	렴	청	정
문	정	왕	후				

사진 출처

47쪽 『삼국사기』에 기록된 궁예_한국민족대백과사전

47쪽 궁예가 세력을 키운 철원 지역_게티이미지뱅크

77쪽 겸재 정선이 그린 「압구정도」_위키미디어

77쪽 한명회 묘지에서 출토된 지석_위키미디어

106쪽 향교, 성균관_게티이미지뱅크

106쪽 불교_한국민족문화대백과사전

106쪽 유교_위키미디어

107쪽 명륜당_게티이미지뱅크

107쪽 기묘과옥이 기록된 『숙종실록』_위키미디어

139쪽 태릉 전경_한국민족문화대백과사전

정보 글 | 박수미

춘천교육대학교 대학원 아동문학교육과를 졸업하고 지금은 초등학교에서 아이들과 지내고 있다.

지은 책으로는 『초등 역사 동서양 사건 사전』 등이 있다.

웅진주니어

벌거벗은 한국사 3 주연 같은 조연들의 활약

초판 1쇄 발행 2024년 12월 5일

기획 〈벌거벗은 한국사〉 제작진

글 허윤 | **그림** 이국현 | **정보 글** 박수미

감수 임기환, 송웅섭, 이상무

발행인 이봉주 | **편집장** 안경숙 | **편집** 최새롬, 정아름 | **디자인** 김보은

마케팅 정지운, 박현아, 원숙영, 김지윤, 황지영 | **제작** 신홍섭

펴낸곳 (주)웅진씽크빅 | **주소** 경기도 파주시 회동길 20 (우)10881

문의전화 031)956-7440(편집), 031)956-7569, 7570(마케팅)

홈페이지 www.wjjunior.co.kr | **블로그** blog.naver.com/wj_junior

페이스북 facebook.com/wjbook | **트위터** @new_wjjr | **인스타그램** @woongjin_junior

출판신고 1980년 3월 29일 제406-2007-00046호 | **제조국** 대한민국 | **사용연령** 7세 이상

ISBN 978-89-01-28176-6 978-89-01-28173-5(세트)